BEI GRIN MACHT SICH IHR WISSEN BEZAHLT

- Wir veröffentlichen Ihre Hausarbeit, Bachelor- und Masterarbeit

- Ihr eigenes eBook und Buch - weltweit in allen wichtigen Shops

- Verdienen Sie an jedem Verkauf

Jetzt bei www.GRIN.com hochladen und kostenlos publizieren

Bibliografische Information der Deutschen Nationalbibliothek:

Die Deutsche Bibliothek verzeichnet diese Publikation in der Deutschen Nationalbibliografie; detaillierte bibliografische Daten sind im Internet über http://dnb.d-nb.de/ abrufbar.

Dieses Werk sowie alle darin enthaltenen einzelnen Beiträge und Abbildungen sind urheberrechtlich geschützt. Jede Verwertung, die nicht ausdrücklich vom Urheberrechtsschutz zugelassen ist, bedarf der vorherigen Zustimmung des Verlages. Das gilt insbesondere für Vervielfältigungen, Bearbeitungen, Übersetzungen, Mikroverfilmungen, Auswertungen durch Datenbanken und für die Einspeicherung und Verarbeitung in elektronische Systeme. Alle Rechte, auch die des auszugsweisen Nachdrucks, der fotomechanischen Wiedergabe (einschließlich Mikrokopie) sowie der Auswertung durch Datenbanken oder ähnliche Einrichtungen, vorbehalten.

Impressum:

Copyright © 2017 GRIN Verlag
Druck und Bindung: Books on Demand GmbH, Norderstedt Germany
ISBN: 9783668713345

Dieses Buch bei GRIN:

https://www.grin.com/document/427040

Maurice Kissner

Dramaturgie und Filmästhetik der Krimiserie "Bosch"

GRIN Verlag

GRIN - Your knowledge has value

Der GRIN Verlag publiziert seit 1998 wissenschaftliche Arbeiten von Studenten, Hochschullehrern und anderen Akademikern als eBook und gedrucktes Buch. Die Verlagswebsite www.grin.com ist die ideale Plattform zur Veröffentlichung von Hausarbeiten, Abschlussarbeiten, wissenschaftlichen Aufsätzen, Dissertationen und Fachbüchern.

Besuchen Sie uns im Internet:

http://www.grin.com/

http://www.facebook.com/grincom

http://www.twitter.com/grin_com

Dramaturgie und Filmästhetik der Krimiserie „Bosch"

Ein Essay von Maurice Kissner

Inhaltsverzeichnis

1. Einleitung 3

2. Dramaturgische Analyse 3

2.1. Charakterzeichnung 4

2.2. Ziele und Konflikte 5

2.3. Struktureller Aufbau 6

3. Filmästhetische Analyse 8

4. Resümee 9

Quellenverzeichnis 10

1. Einleitung

„Bosch" ist eine US-amerikanische Krimiserie von *Amazon* und *Fabrik Entertainment* aus dem Jahr 2014. Die erste Staffel basiert auf dem *Harry-Bosch*-Roman von *Michael Connelly* „City of Bones" aus dem Jahr 2002. Neben *Connelly* als Produzenten der Serie, zeichnet sich *Eric Overmyer* als Executive Producer verantwortlich, der auch schon „Treme", „The Affair" und „Boardwalk Empire" mitgestaltete.

Zunächst wurde im Februar 2014 eine Pilotfolge auf *Amazon Instant Video* veröffentlicht. Für die Entscheidung zur weiterführenden Produktion ließ *Amazon* seine Zuschauer die Serie bewerten. Nach dem überwiegend positiven Feedback wurden neun weitere Folgen der zehnteiligen ersten Staffel ein Jahr später veröffentlicht. In Deutschland ist die Serie seit dem 26. Juni 2015 auf *Amazon Instant Video* als Stream verfügbar.[1]

„Bosch" bietet einen interessanten dramaturgischen Aufbau und eine sehr ansprechende Bildästhetik, die im Folgenden analysiert werden. Abschließend werden meine persönlichen Eindrücke und Kritik geschildert.

2. Dramaturgische Analyse

„Bosch" erfüllt mit seiner Narrationsstruktur und der Komplexität der Geschichte die Klassifikation der sogenannten Qualitätsserien. Diese zeichnen sich vor besonders durch ein hohes „Production-Value", multiple Handlungsstränge und eine differenzierte Darstellung von gut und böse aus. *Connely's* Erzählung schwankt dabei ausgesprochen ausgewogen zwischen einer dramatischen und epischen Struktur und schafft so einen Mix aus Spannung und Glaubwürdigkeit.

Hervorzuheben ist auch die kreative Kontextuierung von intertextuellen Verknüpfungen, wie die Fabelgestalt *Reineke Fuchs* oder die Deutung der Eule durch *Hieronymus Bosch*.

Weiterhin ist die Serie eine fiktive Geschichte, welche den Arbeitsalltag von Mordermittlern realistisch abbildet. Während es in den konventionellen Krimi-Drehbüchern gängig ist, dass sich der Zuschauer auf einen Mordfall konzentrieren soll, überschneiden sich in „Bosch" die Ereignisse verschiedener Fälle. Daher wird der Zuschauer stets aufgefordert, die multiplen Handlungsstränge parallel nachzuvollziehen.

Zweifelsohne sind einige Methoden die *Bosch* anwendet um die Fälle zu lösen strittig. Oft stehen dahinter zwar moralisch vertretbare Entscheidungen, jedoch stehen diese nicht selten im Konflikt mit dem Gesetz. Die Serie versucht hier tief in die Entscheidungsprozesse der Ermittler einzugehen und stellt neben Erfolgen auch Fehlentscheidungen sowie die daraus resultierenden Konsequenzen dar. Der abgebildete Realismus wirkt daher sehr authentisch und lässt somit auch ein erhöhtes Maß an Menschlichkeit zu.

---

[1] Wikipedia (11. November 2017): https://de.wikipedia.org/wiki/Bosch_(Fernsehserie)

Neben dem Berufsalltag werden auch private Lebenssituationen der verschiedenen Charaktere behandelt. Diese zusätzliche Ebene vertieft einerseits die Charakterzeichnung und dient andererseits zur Emotionalisierung. Somit nehmen die familiären Nebengeschichten eine argumentierende Rolle ein, da sie oftmals die verschiedenen Verhaltensmuster der Detectives erklärbar machen. Auch die andauernde Belastungen durch die Diskrepanz von Familienleben und Polizeiarbeit werden kontinuierlich thematisiert. Die Macher erzeugen mit dem Einsatz des Familienlebens einen schmalen Grad zwischen Empathie und Ablehnung, welcher zwischen den einzelnen Situationen differiert.[2]

2.1. Charakterzeichnung

Protagonist:

Harry Bosch ist Mitte fünfzig. Er ist geschieden und hat eine 17-jährige Tochter. *Bosch* arbeitet als Detective im Morddezernat Hollywood/Los Angeles. Er hört vornehmlich Bebop-Jazz auf altem Vinyl und lebt in einem futuristischen Bungalow auf Stelzen abseits der Innenstadt in den Hollywood-Hills. Sein anspruchsvoller Einrichtungsstil steht im Kontrast zu seinem Äußerlichen. Demnach trägt er Anzüge von der Stange und hat sichtbare Tätowierungen an beiden Unterarmen. Diese weisen auf eine bewegte Vergangenheit hin, die er als Heimkind und später als Soldat in Afghanistan erlebte. *Bosch* löst seine Probleme oftmals unkonventionell und mit fragwürdigen Mitteln. Dennoch ist er ein kollegialer Ermittler, der für seine Arbeit lebt und alles dafür tut, den Mörder zu fassen. Er steht für einen Cop der alten Schule und fühlt sich gelegentlich in der modernen Polizeiarbeit mit technologischen Mitteln deplatziert. Mit dem LAPD führt er eine Art Hassliebe, was oftmals zu Konflikten mit seinen Vorgesetzten führt.[3]

Antagonist:

Raynard Waits ist Anfang vierzig. Er ist ein Serienmörder und Psychopath. *Waits* wirkt ausgelaugt und sein Auftreten in der Öffentlichkeit ist eher zurückhaltend. Kultiviert wurde er durch seine französischstämmige Mutter, die mit der Erziehung ihres Sohnes überfordert war und ihn in ein Heim gab. Es handelt sich um das selbe Heim in dem *Bosch* nach dem Tod seiner Mutter eingewiesen wurde. Dies ist die spezifische Gemeinsamkeit von Protagonist und Antagonist. *Waits* findet seine Befriedigung durch die nächtliche Entführung und Ermordung von männlichen und weiblichen Prostituierten vom Straßenstrich. Ferner entwickelte *Waits* im Laufe seines Lebens abgründige Neigungen, bei denen Vergewaltigungen, Folter und Tötung im Zentrum stehen.[4]

---

[2] Schlütz, Daniela (2015): Quality-TV als Unterhaltungsphänomen. Springer Verlag

[3] v. Cossart, Edgar (2017): Story tells, Story sells. Lesedrehbuch

[4] v. Cossart, Edgar (2017): Story tells, Story sells. Lesedrehbuch

Verbündeter:

Die Macher der Serie schaffen mit der Figur *Jerry Edgar* den kontrastierten *Harry Bosch* als Ermittlungspartner. Demnach verwirklichen sie konsequent, von Äußerlichkeiten (afroamerikanisch, Ende zwanzig, offen für neue Technologien, stilbewusstes Auftreten mit Maßanzügen, bezieht eine kleine Stadtwohnung die schlicht eingerichtet ist) über familiäre Relationen (pflegt ein sehr gutes Verhältnis zu seiner getrennt lebenden Frau und hat eine inniges Beziehung mit seinen beiden Kindern) bis hin zur moralischen Haltung (berechenbar, handelt vorschriftsmäßig), einen Partner als Gegenentwurf zum Protagonisten. Infolgedessen führt dies zwangsläufig zu kleineren Konflikten in der Ermittlungsarbeit, welche den Spannungsbogen ausdehnen. Einen Bruch in der Sympathiebindung erleidet die Hauptperson dadurch nicht. Vielmehr erzeugt diese Konstellation eine kritischere Bewertung der gefällten Entscheidungen.[5]

2.2. Ziele und Konflikte

Ziele:

In den Hollywood-Hills werden menschliche Knochen im Wald gefunden. *Bosch* und sein Partner *Jerry Edgar* sollen den Fall lösen.

Weiterhin taucht ein Serienmörder auf, der auf spektakuläre Weise aus der Untersuchungshaft ausbricht. *Bosch* soll ihn fassen.[6]

Innere Konflikte:

Bosch muss sich während den Ermittlungen vor einem Gerichtsverfahren verantworten, da er wegen widerrechtlicher Tötung bei der Ausübung seiner polizeilichen Tätigkeit von der Familie des Opfers verklagt wurde. Er wird für die Dauer des Verfahrens beurlaubt, arbeitet aber inoffiziell weiter. Dennoch belasten ihn diese Umstände psychisch, was ihm den Fokus auf seinen Knochenfundfall und die Jagd auf *Waits* erschwert.

Weiterhin besitzt Bosch eine dramatische Vergangenheit, die sich im Laufe der Geschichte entwickelt. *Bosch's* Mutter arbeitete als Prostituierte und wurde von einem Freier getötet. Der Mörder wurde nie gefasst. *Bosch* versucht seit Jahren den Fall in seiner Freizeit zu lösen.[7]

---

[5] v. Cossart, Edgar (2017): Story tells, Story sells. Lesedrehbuch

[6] v. Cossart, Edgar (2017): Story tells, Story sells. Lesedrehbuch

[7] v. Cossart, Edgar (2017): Story tells, Story sells. Lesedrehbuch

Persönlicher Konflikt:

Bosch hat ein zerrüttetes Verhältnis zu seiner Tochter *Meddie*. Diese lebt bei seiner Ex-Frau *Elenore* und ihrem neuen Ehemann in Las Vegas. Er tut sich sichtlich schwer ein gutes Vater-Tochter-Verhältnis aufzubauen und wirkt trotz seines dominanten Auftretens als Detective, in dieser Beziehung verunsichert.[8]

Außerpersönliche Konflikte:

Der zu lösende Knochenfundfall legt viele Fragen offen. Es gibt wenig Anhaltspunkte die zum Mörder führen könnten. Die Obduktion ergibt, dass der Mord vor 25 Jahren geschehen sein muss und es sich um einen männlichen Jungen handelt.

Durch Zufall wird der Antagonist, kurz nach einem Mord, beim Abtransport der Leiche ertappt. Er wird zwar festgenommen, doch ihm gelingt eine spektakuläre Flucht aus der Untersuchungshaft. *Waits* entwickelt eine psychische Bindung zu *Bosch* weil er in ihm einen Gleichgesinnten sieht und dessen unentwegte Aufmerksamkeit sucht.[9]

2.3. Struktureller Aufbau

Rezeption:

Der Rezipient verfolgt in Unwissenheit den Hauptakteur bei der Lösung seiner Fälle. Dabei treten nach und nach immer mehr Sackgassen und Überraschungsmomente auf, die *Bosch* in den Ermittlungen zurückwerfen. Durch die Gleichstellung des Wissensstands erzeugt das Narrativ eine Verbindung zwischen Zuschauer und Protagonist.

Abseits der Hauptrezeption der Unwissenheit, nutzt die Erzählung nach und nach dramatische Ironie bei der Charakterprogression des Antagonisten. Hierbei besitzt der Zuschauer einen Handlungsvorsprung, der sich im Laufe des Konfrontationsaktes weiter aufbaut und die Unwissenheit bis zum Höhepunkt nahezu ablöst.[10]

Vorgeschichten:

Die Vorgeschichte des Knochenfundfalls wird anhand der Ermittlungen erzählt. *Bosch* findet Hinweise, vernimmt Zeugen und Personen aus der Vergangenheit des toten Jungen. Somit erarbeitet sich die Historie zum Mord chronologisch.

---

[8] v. Cossart, Edgar (2017): Story tells, Story sells. Lesedrehbuch

[9] v. Cossart, Edgar (2017): Story tells, Story sells. Lesedrehbuch

[10] Schlütz, Daniela (2015): Quality-TV als Unterhaltungsphänomen. Springer Verlag

Auf der Jagd nach *Waits* ist die wahre Identität des Serienmörders lange ein Rätsel. Durch den Eigenaffekt erfährt der Zuschauer allerdings viele Informationen zur Vorgeschichte des Psychopathen, auf die *Bosch* erst später in der Handlung trifft. Vor allem die Unterbringungen im selben Kinderheim motiviert *Waits* die Nähe zu *Bosch* zu suchen.[11]

Vorgeschichtsverletzung:

Die Vorgeschichtsverletzung von *Bosch's* Mutter-Konflikt wird in Rückblenden thematisiert. Sie treten in kurzen Sequenzen auf die *Bosch* beim Reflektieren von Ereignissen einfangen. Sie haucht dem oftmals unterkühlten Protagonisten Empathie ein und führt zu einem verständnisvollen Umgang mit Prostituierten, was beim LAPD eine Rarität darstellt. Die Sympathiebindung wird so durch die Vorgeschichtsverletzung weiter ausgebaut und greift vor allem in Rückblenden, die den Verlust der liebevollen Mutter für den hilflosen Jungen zeigen.[12]

Paradigma:

Exposition, Konfrontation und Auflösung sind linear über insgesamt 9 Stunden Laufzeitlänge gegliedert und folgen der Struktur der epischen Erzählweise. Dabei bleibt der Handlungsstrang konstant und ist in sich über die ganze Staffel geschlossen. Jedoch erarbeitet jede Folge einen eigenen Spannungsbogen, der sich kontinuierlich vom Beginn bis zum Ende hin aufbaut. Außerdem strukturieren die Produzenten die 10 Folgen der Staffel ähnlichen zu dem sogenannten 8 Sequenzenmodell nach *Frank Daniel*.

Der Ausgangspunkt beginnt mit der Exposition. Die Charaktere und die Umgebung werden in verschiedenen Szenen eingeführt. Gleichzeitig wird so das Ereignis thematisiert, welches zu dem ersten inneren Konflikt (Gerichtsverfahren) führt.

Der erste Wendepunkt findet sich im Knochenfund wieder und legt mit der Lösung des Falls gleichzeitig das erste zu erreichende Ziel offen. Weiterhin steht dieser Vorfall auch für das auslösende Ereignis im Paradigma. Zeitgleich wird die Rolle des Antagonisten eingeführt. *Waits* gibt fälschlicherweise an den Mord im Knochenfundfall begangen zu haben um die Aufmerksamkeit zu erzeugen. Mit seiner Flucht aus dem Gefängnis im Mittelpunkt, erhält das Narrativ eine zusätzliche Spannungsebene und einen zusätzlichen Handlungsstrang, der das zweite Ziel darstellt. Ab diesem Zeitpunkt erscheinen vermehrt die Handlungen und die persönlichen Verhältnisse des Antagonisten, was zu einem Handlungsvorsprung für den Zuschauer führt. Durch diese zusätzliche Ebene erhält der Spannungsbogen mehr Tempo und tiefe Einblicke in die Psyche des Serienmörders. Im letzten Drittel des Konfrontationsteils löst *Bosch* den Fall des Knochenfundes und erreicht so sein erstes Ziel. Der zweite Wendepunkt ist gleichzeitig die Klimax und wird durch den Tod von *Waits* platziert. Das zweite Ziel ist demnach ebenfalls erreicht und es folgt der Übergang in die Auflösung.

---

[11] v. Cossart, Edgar (2017): Story tells, Story sells. Lesedrehbuch

[12] v. Cossart, Edgar (2017): Story tells, Story sells. Lesedrehbuch

Des Weiteren endet das Narrativ mit einer Anagnorisis des zweiten inneren Konflikts (Mord der Mutter), was eine Fortsetzung in die weiterführende Staffel einleiten soll.[13]

3. Filmästhetische Analyse

Bildästhetik

Die gezeigte Welt der Hollywood-Division ist von warmen Farben in den Tagessequenzen und kalten Blautönen in den Nachtsequenzen geprägt. Das Kontrastspiel der Farbkorrekturen drängt sich förmlich auf, ist Los Angeles doch eine Stadt mit hohen Sommertemperaturen am Tag und gleichzeitig Schauplatz von nächtlichen Gräueltaten. Dementsprechend ist die generierte Grundatmosphäre je nach Sequenz zweigeteilt. Außerdem arbeiten die Inszenierungen der Schauplätze mit einem stimmungsvoll eingesetzten Licht, was die Atmosphäre der jeweiligen Szenerie unterstreichen soll.

Weiterhin sind die Kamerabilder mit einfachen Cadragen und den üblichen Stilmitteln, wie selektiver Unschärfe, klassisch gehalten. Kommt es zu Actionszenen wechselt die Kamerabewegung von ruhig auf extrem dynamisch, was die Hektik der Situation visualisiert und den Zuschauer emotional an die Szene bindet. Auf neuartige Effekttechniken oder beeindruckende Kamerafahrten wird konsequent verzichtet. Vielmehr stehen die authentischen Schauplätze und das Schauspiel im Vordergrund, was den Zuschauer tief in die Welt des LAPD eintauchen lässt.[14]

Operationale Ästhetik

Darüber hinaus kann das Narrativ stellenweise auf Dialoge und Hinweise verzichten, da die Szenerien dem Zuschauer eine formale Analyse der jeweiligen Situation ermöglichen. Somit wird die Komplexität zwar auf der Dialogebene reduziert, dennoch steigt sie für den Rezipienten, da er Verknüpfungen selbst herstellen muss. Um also die Handlung im vollen Umfang verstehen zu können, muss der Zuschauer die Erzählstruktur im Laufe der Serie selbst erlernen.[15]

---

[13] Field, Syd (1993): Das Handbuch zum Drehbuch. Autorenhaus Verlag

[14] Sudmann, Andreas (2017): Serielle Überbietung: Zur televisuellen Ästhetik und Philosophie exponierter Steigerungen. Springer Verlag

[15] Schlütz, Daniela (2015): Quality-TV als Unterhaltungsphänomen. Springer Verlag

Momentum

Die operationale Ästhetik wird durch den Einsatz von Parallelmontagen und Ellipsen im Momentum sowie einer anachronistische Erzählweise unterstützt. Oftmals ist der Zuschauer somit gefordert die Assoziationen vorerst selbst herzustellen. Im späteren Verlauf löst das Narrativ auf, ob die zuvor hergestellten Rückschlüsse richtig oder falsch sind. Generell bedient sich die Taktung abseits der Actionszenen, einem langsamen Grundtempo, was die Serie charakterisiert.[16]

Nebenmotive

Das Narrativ behandelt neben den Haupt- auch Nebenmotive. Besonders hervorzuheben sind die Relationalitäten zwischen den Haupt- und Nebencharakteren, welche eine umfangreiche Beziehungsprogression erzeugen. Dadurch entstehen parallele Handlungsstränge, welche indirekt auf die Ermittlungsarbeit von *Bosch* einwirken. Hier zu nennen ist beispielsweise die Beziehung zwischen dem Chief des LAPDs und dem Bürgermeister von Los Angeles. Auch Affären unter Kollegen thematisiert das Narrativ durch die Beziehung von *Bosch* mit der jungen Polizistin *Julia*. Weiterhin greift die Serie in den Nebenmotiven gesellschaftliche Kontexte auf, wie die Diversität des LAPDs und der multikulturellen Metropole Los Angeles. All diese Nebenmotive bergen Konfliktpotenzial, welches in der Erzählung zum Einsatz kommt.[17]

4. Resümee

Mit „*Bosch*" ist dem Produzenten *Eric Overmyer* eine sehr ansprechende Krimiserie gelungen, die dramaturgisch durchdacht und ästhetisch umgesetzt ist. Trotz des schon oft gesehenen Einzelgänger-Cop-Plots hat „*Bosch*" ein großes Unterhaltungspotenzial und wartet mit vielen Überraschungsmomenten auf. Darüber hinaus ist ein passiver Konsum der Serie, durch die Verflochtenheit von Informationen und Handlungsgeschehen, nicht möglich und fordert den Zuschauer zum mitdenken und rätseln auf.

Zwar weist „*Bosch*" ein facettenreiches Drehbuch auf, aber dennoch kann der erste Handlungsstrang des Knochenfundfalls neben dem Handlungsstrang „*Waits*" nicht im vollen Umfang überzeugen. Dies mag einerseits an der herausragenden Charakterzeichnung des Antagonisten liegen. Andererseits entwickelt der zweite Handlungsstrang ein Tempo und eine Tiefe, welches den ersten Strang in den Schatten stellt. Sicherlich sah *Michael Connelly* dies während der Schreibarbeit schon kommen und degradierte den Knochenfundfall ab *Waits*' Flucht vom Haupt- zum Nebenfall.

Der Erfolg der Serie ist beachtlich. Mittlerweile wurden 3 Staffeln abgedreht und „*Bosch*" ist aktuell die erfolgreichste Serie der *Amazon Studios*. Ob die Produzenten das hohe Niveau halten können wird die 4. Staffel zeigen. Diese wird von den Fans und der Fachpresse heiß erwartet und ist derzeit in Arbeit.

---

[16] Sudmann, Andreas (2017): Serielle Überbietung: Zur televisuellen Ästhetik und Philosophie exponierter Steigerungen. Springer Verlag

[17] Schlütz, Daniela (2015): Quality-TV als Unterhaltungsphänomen. Springer Verlag

Quellenverzeichnis

v. Cossart, Edgar (2017): Story tells, Story sells. Lesedrehbuch

Field, Syd (1993): Das Handbuch zum Drehbuch. Autorenhaus Verlag

Schlütz, Daniela (2015): Quality-TV als Unterhaltungsphänomen. Springer Verlag

Sudmann, Andreas (2017): Serielle Überbietung: Zur televisuellen Ästhetik und Philosophie exponierter Steigerungen. Springer Verlag

Wikipedia (11. November 2017): https://de.wikipedia.org/wiki/Bosch_(Fernsehserie)

BEI GRIN MACHT SICH IHR WISSEN BEZAHLT

- Wir veröffentlichen Ihre Hausarbeit, Bachelor- und Masterarbeit

- Ihr eigenes eBook und Buch - weltweit in allen wichtigen Shops

- Verdienen Sie an jedem Verkauf

Jetzt bei www.GRIN.com hochladen und kostenlos publizieren